ADIESTRAMIENT

La guía completa para educar a tu cachorro con los fundamentos del adiestramiento de perros y los refuerzos positivos. Dog Training (Spanish Version)

Rex Jackson

Este documento está orientado a proporcionar información exacta y fiable en relación con el tema y la cuestión tratados. La publicación se vende con la idea de que el editor no está obligado a prestar servicios de contabilidad, oficialmente permitidos, o de otra manera, calificados. Si es necesario un asesoramiento, legal o profesional, debe solicitarse a una persona con experiencia en la profesión.

De una Declaración de Principios que fue aceptada y aprobada igualmente por un Comité del Colegio de Abogados de Estados Unidos y un Comité de Editores y Asociaciones.

La información proporcionada en este documento se declara veraz y coherente, por lo que cualquier

TABLA DE CONTENIDOS

★ 55% de descuento para librerías! .... **Errore. Il segnalibro non è definito.**

CÓMO PUEDES CRIAR FÁCILMENTE A TU CACHORRO SIN NINGUNA EXPERIENCIA Y CÓMO TU PERRO SE CONVIERTE EN EL FAVORITO DEL VECINDARIO... .... **Errore. Il segnalibro non è definito.**

Práctico, inteligente y muy eficaz: .. **Errore. Il segnalibro non è definito.**

Empieza ahora – entrena perros exitosamente: **Errore. Il segnalibro non è definito.**

★ ¡Tus clientes nunca dejarán de leer este impresionante libro! . **Errore. Il segnalibro non è definito.**

INTRODUCCIÓN

El adiestramiento canino consiste en aplicar un análisis del comportamiento que utiliza el contexto y los efectos de los acontecimientos ambientales para cambiar las acciones del perro, ya sea para que ayude en actividades específicas o realice tareas concretas o para que participe eficazmente en la vida doméstica contemporánea. Aunque el adiestramiento de perros para funciones concretas se remonta a la época de los romanos, en la década de los 50, el adiestramiento de perros para ser mascotas domésticas compatibles creció con la suburbanización.

Un perro aprende de sus experiencias con el entorno. Esto puede hacerse mediante el condicionamiento clásico. Dos estímulos forman una asociación; el aprendizaje no asociativo, en el que su comportamiento se modifica por hábito o sensibilización; y el condicionamiento operante, en el que se vinculan un antecedente y su efecto.

Se conocen varios métodos de adiestramiento de

animales, cada uno con sus partidarios y sus críticos. El proceso Koehler, el adiestramiento con clicker, el adiestramiento motivacional, el adiestramiento con ordenador, el adiestramiento con modelo rival, el adiestramiento basado en la dominancia y el adiestramiento basado en la relación son algunos de los procedimientos de adiestramiento canino más conocidos. El conocimiento de los atributos y la personalidad del animal, el momento preciso de la recompensa o el castigo y la comunicación constante son las características comunes de los enfoques exitosos. A pesar de la humanidad y la eficacia de muchos conductistas, el uso del castigo es polémico.

CAPÍTULO 1. EL
ADIESTRAMIENTO DE TU PERRO

El adiestramiento en el hogar requiere paciencia, determinación y mucha constancia con tu perro o cachorro. Los accidentes forman parte del proceso, pero en unas pocas semanas, puedes conseguir que el nuevo miembro de tu familia vaya por el buen camino si sigues estas sencillas pautas de adiestramiento.

Establece una rutina

Los cachorros se adaptan bien a un horario diario, como los niños. El horario les indica que hay momentos para dormir, para jugar y para hacer sus necesidades. En general, con cada mes de edad, un cachorro regula su vejiga durante una hora. Por lo tanto, si tu perro tiene dos meses, podrá hacer sus necesidades durante dos horas más o menos. Entre las pausas para ir al baño, no te demores más que eso, o tendrán un accidente garantizado.

Lleva a tu cachorro al exterior con regularidad y poco después de que se despierte, durante y después de jugar, y después de comer o beber, al menos cada dos horas.

Fuera, elige un lugar para ir al baño y lleva siempre a tu cachorro a ese lugar (con correa). Utiliza una palabra o expresión particular que finalmente utilizarás antes de recordarles qué deben hacer cuando tu cachorro haga sus necesidades. Sólo después de que se haya retirado, llévelo a dar un paseo más largo o a jugar.

Premia a tu cachorro cada vez que salga al exterior. Pero recuerda hacerlo justo después de que hayan hecho, no después de que vuelvan a entrar. Elógialo o ofrécele golosinas. Este paso es importante, ya que la mejor manera de enseñar lo que se espera de ellos es premiar a su perro por salir al exterior. Antes de recompensarles, asegúrate de que han terminado. Los cachorros se distraen con facilidad y pueden olvidarse de terminar antes de volver a la casa si los elogia demasiado pronto.

Pon a tu cachorro en un horario para la alimentación diaria. Con un horario, lo que entra en un cachorro sale de él. Los cachorros normalmente necesitan alimentarse tres o cuatro veces al día, dependiendo de su tamaño. Si alimentas a tu cachorro a las mismas horas al día, será más probable que también lo saques a horas regulares, lo que facilitará el adiestramiento en casa de ambos.

Para disminuir la posibilidad de que necesite hacer sus necesidades durante la noche, recoge el plato de agua de tu cachorro unas dos horas y media antes de acostarse. Sin hacer sus necesidades, la mayoría de los cachorros duermen aproximadamente siete horas. No le des importancia si tu perro te despierta por la noche; de lo contrario, pensará que es hora de jugar y no querrá volver a dormir. Enciende el menor número posible de luces, no hables con tu perro ni juegues con él, sácalos y vuelve a meterlos en la cama.

Vigila a tu cachorro

No le des a tu cachorro la oportunidad de aterrizar en la casa; vigílalo mientras esté dentro.

Cuando no estés entrenando o jugando activamente, ata a tu cachorro a ti o a un mueble cercano con una correa de dos metros. Observa si hay indicios de que necesitas que tu cachorro salga. Algunos síntomas son evidentes, como ladrar a la puerta o arañar, ponerse en cuclillas, estar inquieto, olfatear o dar vueltas. Agarra la correa inmediatamente cuando veas estas señales y llévalo fuera a su lugar en el baño. Si lo hace, felicítelo y recompénselo con una golosina.

Mantén a tu perro en el patio con la correa. Durante el proceso de adiestramiento, el patio debe tratarse como cualquier otro espacio de la casa. Sólo después de que esté bien entrenado, dé a su cachorro algo de libertad en la casa y en el patio.

USAR UNA JAULA PARA ADIESTRAR AL CACHORRO

Una jaula puede ser una buena idea, al menos a corto plazo, para entrenar a tu cachorro en casa. Te animará a estar atento a las señales de que necesita ir y le enseñará a aguantar hasta que se abra la jaula y se deje fuera.

Aquí tienes algunos consejos sobre cómo utilizar una jaula:

- Asegúrate de que el cachorro es lo suficientemente amplio como para estar de pie, darse la vuelta y tumbarse, pero no lo suficientemente grande como para utilizar una esquina como retrete para él.

- Asegúrate de que el cachorro tenga agua fresca si va a utilizar la caja durante más de dos horas seguidas, preferiblemente en un dispensador que puedas conectar a la caja.

- Si no puedes estar en casa durante el adiestramiento en casa, asegúrate de que otra persona le de un respiro durante los primeros ocho meses en mitad del día.

- Si tu perro se escapa, no utilices una jaula. Puede haber varios motivos para eliminar en la caja: puede haber traído malos hábitos del refugio o de la tienda de animales donde vivía; puede que no salga lo suficiente; puede que la caja sea demasiado grande o que sea demasiado joven para mantenerse dentro.

Señales de que tu cachorro necesita salir

Quejarse, dar vueltas, olfatear, ladrar, o ladrar o arañar la puerta, si tu perro no está confinado, son señales de que necesita salir. Ahora mismo, sácalo.

Contratiempos en el adiestramiento

Para los cachorros de hasta un año, los accidentes son normales. Las causas de los accidentes varían desde un adiestramiento incompleto en casa hasta un cambio de clima del cachorro.

Sigue trabajando cuando tu perro tenga un accidente. Visita a un veterinario para descartar una condición médica si todavía no parece funcionar.

Lo que hay que hacer y lo que no hay que hacer en el adiestramiento de su cachorro

Recuerda lo que debes y no debes hacer durante el adiestramiento de tu cachorro en casa:

Está prohibido castigar a tu perro por tener un accidente. Su cachorro está entrenado para temerle.

Si sorprendes a tu cachorro en el acto, aplaude con fuerza para que sepa que ha hecho algo inaceptable. A continuación, llévatelo fuera o cógelo por el cuello con suavidad. Elógialo cuando haya terminado o dale una pequeña golosina.

Si encuentras la evidencia pero no has visto el acto, no respondas con enfado gritando o restregando tu nariz. Intelectualmente, los cachorros no son capaces de relacionar tu rabia con su accidente.

Permanecer más tiempo en el exterior con tu cachorro puede ayudar a frenar los accidentes. Pueden necesitar explorar el tiempo extra.

Para eliminar los olores que puedan hacer que el cachorro vuelva al mismo lugar, limpia los incidentes con un limpiador enzimático en lugar de uno a base de amoníaco.

ENTRENAMIENTO DE OBEDIENCIA BÁSICA PARA PERROS

Un aspecto crucial para convertirse en un dueño de perro concienzudo es aprender órdenes de obediencia sencillas. Estas órdenes sencillas facilitan mucho la gestión de la relación entre el animal y el propietario y le mantienen a usted y a su mascota a salvo en caso de emergencia.

El adiestramiento básico puede parecer muy fácil o increíblemente complejo desde el punto de vista de una persona ajena. Debes saber que el adiestramiento puede requerir mucho trabajo. Hay que reconocer que cualquier perro debería aprender al menos las instrucciones más básicas y esenciales. En el ejercicio, los propietarios de perros suelen encontrarse con obstáculos en el camino y no se alteran. Los propietarios primerizos o las personas que tienen dificultades para enseñar órdenes o corregir hábitos problemáticos se benefician de la ayuda de un adiestrador. No dudes nunca en pedir ayuda.

Aunque no se trate de trucos complejos o "extravagantes", la preparación requiere mucho tiempo y paciencia. La tarea de tener una mascota requiere educarla y socializarla adecuadamente. Piensa en el tiempo que tendrás que dedicar para asegurarte de tener un animal feliz, seguro, bien socializado y entrenado antes de considerar la adopción de un animal.

Por último, debes disfrutar tener un perro e incluso de su adiestramiento. No te tomes demasiado en serio, y asegúrate de que tú y tu mascota la pasen bien, ¡para que puedas esperar futuros encuentros!

PRIMER PASO

Lo que necesitas

1. ¡Un perro!

2. Tu perro debe ser entrenado por primera vez en un lugar donde esté libre de distracciones. A medida que tu perro y tú vayan dominando las órdenes, deberás cambiar a lugares con más distracciones, como el exterior, para seguir mejorando la disposición de tu perro a

concentrarse en ti y en las órdenes.

3. Golosinas o un juguete como premio. Descubre lo que funciona tanto para tu perro como para ti. Algunos perros son muy aficionados a la comida, y como recompensa, otros disfrutan con los juguetes y el juego. Además, recuerda el tamaño de las golosinas que utilizas durante la preparación. Las golosinas demasiado grandes llenan fácilmente al perro, así que busca golosinas de adiestramiento pequeñas.

4. Para la práctica a distancia, una correa corta, y una correa de entrenamiento más larga.

5. ¡Expectativas que son racionales!

Durante los primeros intentos, no planees hacerlo. Se necesita mucho tiempo para enseñar y dominar ciertas órdenes.

Intenta que las sesiones de adiestramiento duren como máximo unos 15 minutos.

Habrá momentos en los que tanto usted como su perro estén alterados. Pasa a otra orden o a una mejor establecida sólo cuando tengas problemas con una determinada orden. Vuelve al que te cuesta más tarde.

Termina el adiestramiento con una buena nota SIEMPRE. Tanto para ti como para tu mascota, esto hace que las sesiones de adiestramiento sean agradables. La próxima vez, cuando llegue el momento de entrenar, tu perro estará entusiasmado.

SEGUNDO PASO

Comando de sentada

1. Asegúrate de que tienes la atención de tu perro y una golosina en la mano. Ponte de pie o arrodíllate ante tu perro y mantén tu mano ligeramente más alta que la cabeza de tu perro.

2. Empujando lentamente la recompensa hacia atrás, por encima de la cabeza del perro y hacia la cola, utiliza la golosina para dirigir al perro hacia su posición. Tu perro debe apuntar hacia la nariz y bajar hacia el suelo con el trasero.

3. Cuando el perro se haya movido con seguridad a la posición de sentado, di "Sentado" y haz el gesto con la mano que se muestra en la imagen 2.

4. Premia a tu perro con una golosina y con algún estímulo en cuanto se coloque en su sitio, por ejemplo,

diciendo: "¡Bien, sentado! '

5. Puedes ayudar a dirigirlo con un suave empujón si a tu perro le cuesta entender. Coloca dos dedos en sus caderas y empuja suavemente su trasero hacia el suelo mientras dices "Sentado" con firmeza.

TERCER PASO

Orden de Abajo

Para este truco, tu perro ya debería conocer la orden de sentarse. Puede ser un poco más difícil aprender este comando porque es una postura muy sumisa para el perro.

1. Arrodíllate frente a tu perro, con él sentado.

2. Mantén una golosina frente a la nariz de tu perro y dirígela bajando lentamente la amenaza hacia la alfombra.

3. Tu perro puede encorvarse mientras se dirige hacia abajo. Si esto ocurre, para dirigirlo aún más, mueve el tratamiento hacia o lejos de su perro adecuadamente.

4. Prémialo con una recompensa y un estímulo en cuanto tu perro esté en el lugar correcto.

5. Si tienes problemas para dirigir a tu perro a la

posición de Abajo, puedes dirigirlo físicamente poniendo una mano sobre los hombros de tu perro y empujándolo suavemente hacia un lado mientras se pronuncia la orden. En cuanto caiga al suelo, dale las gracias a tu perro.

CUARTO PASO

Orden de "Quieto"

Para dominar esta orden, tu perro debe ser capaz de realizar la posición sentada o tumbada. Para apoyar la preparación, necesitará tanto una correa corta (6') como una correa más larga.

1. Empieza en posición sentada o tumbada con tu perro.

2. De pie frente a tu perro, di "Quieto" con firmeza mientras haces la señal con la mano.

3. Aunque mantengas el contacto visual con tu perro, aléjate un poco.

4. Si tu perro se queda en su sitio, vuelve a acercarte a él y recompénsalo mientras sigue sentado con una golosina y un elogio. Debes pasar a una correa y distancia más largas a medida que la respuesta de tu perro mejore. En una zona cercada, finalmente comenzará a practicar

sin correa.

5. Guía a tu perro de vuelta a la posición sentada en el lugar original si su perro rompe la posición, e inténtalo de nuevo.

QUINTO PASO

Orden de "Ven"

Tu perro debería conocer ya las instrucciones "Abajo" o "Sentado" y "Quieto" para empezar a trabajar con esta orden. Para este comando, necesitarás una correa más larga.

1. Camina a unas cuantas distancias del perro con una correa larga con el perro en la posición de sentado o tumbado y quieto.

2. Di "Ven" con fuerza, pero con educación, y haz el gesto de la mano que se ve en la imagen 2. Cuando se le pida, haz que tu perro se acerque con la cuerda. ¡Sólo debes decir esta orden una vez!

3. Recompénsalo con una golosina y un estímulo en cuanto tu perro lo alcance.

4. Si tu perro progresa, podrás empezar a practicar sin

correa en una zona cercada. Si tu perro se niega a venir sin correa, vuelve a utilizar la correa larga hasta que empiece a responder a la orden de venir de forma correcta y fiable.

CAPÍTULO 2. ENTRENAR A UN CACHORRO PARA IR AL BAÑO

I Presenta a tu nuevo cachorro a su nuevo hogar, su posición y su familia. Tu nueva mascota puede estar llena de curiosidad, entusiasmo, miedo o alegría, igual que cuando eres nuevo en un lugar o comunidad. Ahora es el momento perfecto para sentar las bases de tu mascota para tener una relación sana y amistosa. Es muy importante definir las expectativas de tu cachorro y ser coherente con ellas para que se adapte y aprenda a confiar y apreciarte y a todos los que están en casa.

Muéstrale a tu mascota sólo los lugares en los que debe estar. Al principio, no permitas que tu nueva mascota deambule y explore por su cuenta, sobre todo si no quieres que haga sus necesidades allí. Por ejemplo, cierra el paso si la zona de arriba o los dormitorios están prohibidos y no animes a tu cachorro a explorar allí.

Comprende el complejo comportamiento racial y las necesidades de tu cachorro. Estudia los atributos y las necesidades especiales de tu perro o cualquier acción que debas conocer y vigilar. Si tu cachorro es un pequeño chihuahua, por ejemplo, su vejiga será muy pequeña y necesitará orinar con más frecuencia; se producirán accidentes aunque esté bien adiestrado.

Aunque la mayoría de los perros son muy inteligentes, no piensan como las personas. Cuando les pedimos que comprendan palabras de orden básicas o que te digan que necesitan hacer pipí o caca, siempre es un problema. Debes aprender cómo se relacionan contigo e investigar las pistas que te ofrecen y reciben para ello.

Tu perro, vigílalo. Al enseñar a hacer sus necesidades, lo mejor es tener a tu cachorro donde puedas vigilarlo en todo momento. Esto le animará a buscar las señales tempranas de que necesita ir para ayudar a evitar accidentes cuando empiecen a dar vueltas, rascarse y olfatear.

Los lloriqueos, los círculos, el olfateo, los ladridos o algún cambio brusco de conducta son algunas de las señales a las que hay que prestar atención. Cuando veas alguna de estas señales, lleva al perro fuera inmediatamente.

Interrumpir los choques. En el acto de orinar o defecar en el interior, si pillas a tu cachorro, haz un ruido repentino como una palmada y di la palabra "no". Luego lleva al perro al exterior rápidamente.

Quieres sobresaltar al cachorro, pero no asustarlo. La intención es conseguir su atención inmediata y que sepa que no estás de acuerdo con que marque o haga caca dentro de casa. También debes ser coherente, utilizando cada vez la misma palabra y/o el mismo ruido.

Si el perro defeca, no conseguirás el mismo resultado porque la mayoría de los cachorros no lo evitan. Sin embargo, como parte del proceso de enseñanza, siempre puedes hacer lo mismo.

Nunca castigues a tu perro por un accidente. El perro no sabe que se está haciendo algo malo. No presiones a tu perro para que huela sus acciones ni se lo recuerdes continuamente. Puede que no se acuerde de ti y te coja miedo.

Esto confundirá a tu perro e incluso empeorará las cosas si utilizas la disciplina para evitar que entren en casa. Tu perro sólo entenderá que cuando le ves hacer pipí te enfadas y se esconderá de ti cuando tenga que ir, seguramente en zonas de difícil acceso para ti.

Selecciona una zona para el orinal. Cada vez que necesite ir, lo mejor es encontrar un lugar determinado en el exterior y llevar a su perro hasta allí. Debes elegir un lugar que no frecuenten otros perros y que sea fácil de limpiar.

Tu cachorro reconocerá el olor de la orina y empezará a asociar la zona con su "baño".

Selecciona una zona a la que sea fácil llegar rápidamente. Durante el proceso de adiestramiento, puedes visitar esta zona con regularidad.

Debes evitar los lugares a los que vayan o hayan ido recientemente otros perros, como los parques, hasta que tu cachorro haya recibido la tercera serie de vacunas. Es conveniente hablar de ello con su veterinario.

Es conveniente que lleves a tu perro con una correa cuando lo saques a la calle, para poder entrenarlo a ir a un lugar concreto. También puedes vigilar al perro más fácilmente, así sabrás cuándo ha terminado.

Elige una orden concreta de un sonido o una frase.

Utiliza la palabra "ir" o elige otra orden cada vez que lleves a tu cachorro fuera de su barrio. Esto le enseñará a ir a ese lugar concreto.

El perro empezará a aprender y a entender el orden y lo que quieres hacer. Esto ayudará al perro a entender cuándo debe orinar o defecar y dónde debe hacerlo.

Utiliza la orden cuando quieras que vaya. Esto evitará la ambigüedad.

Logros de apreciación

Cada vez que utilice el lugar adecuado, elogia siempre a tu cachorro. Utiliza una voz alegre y jovial que haga saber a tu perro que estás contento con él.

Ser consecuente con esto les dará una motivación emocional para estar en la posición correcta para hacer sus necesidades.

Para tu perro, haz que el momento del orinal sea una experiencia tranquilizadora y agradable que esperen con impaciencia. Primero deben disfrutarla para motivar a tu perro a aguantar pacientemente y esperar antes de que les permitas ir.

Debe ser una experiencia satisfactoria para cualquier

perro disfrutar de salir a pasear y hacer sus necesidades.

Si están haciendo sus necesidades donde tú quieres que vayan, no molestes a tu perro. Permite que se relaje, y haga sus necesidades.

Después, también puedes darle una pequeña recompensa a tu cachorro para inspirarlo. Sin embargo, esto también puede ser una distracción para ciertos perros.

Limpia las heridas inmediatamente. Cuando tu perro tenga un accidente dentro de casa, es necesario limpiar a fondo la zona. Con suerte, esto disuadirá a tu perro de volver al mismo lugar.

Utiliza un limpiador enzimático, no uno que contenga amoníaco. Esto ayudará a eliminar el olor y la atracción del perro por el lugar.

La orina tiene un fuerte olor a amoníaco que atrae a tu perro a oler e identificarse. Para esto último, algunas almohadillas de adiestramiento para que el cachorro pueda ir allí se rocían con amoníaco.

Para contrarrestar el olor del amoníaco, también puede utilizar vinagre blanco.

PASOS PARA ENTRENAR A TU PERRO

Cómo mantener a tu perro cerca

1. Limita el espacio alrededor de tu perro. Vigilar de cerca a tu cachorro será más sencillo si limitas al perro a una zona determinada de tu casa. Puedes hacerlo cerrando las puertas y utilizando puertas para bebés.

Si tu perro se limita a un lugar más pequeño, para decidir si quiere salir al exterior, podrás observarlo continuamente.

Para que el cachorro juegue, el campo debe ser lo bastante grande pero lo suficientemente pequeño para que puedas verlo en todo momento. Es preferible un espacio pequeño o una parte seccionada de una habitación.

Asegúrate de elegir una zona con un acceso sencillo y fácil al exterior. Lo mejor es un espacio con una puerta que de directamente al exterior.

También es una buena idea elegir una zona que sea fácil de limpiar. En las primeras etapas de la preparación, habrá accidentes.

2. Lleva al cachorro con una correa corta. Llevar al

perro con una correa te ayuda a moverte con más facilidad sin perder de vista a tu perro, incluso cuando está dentro de casa.

Puedes pasar de una habitación a otra con tu perro atado a la correa y mantener a tu cachorro contigo. De este modo, nunca habrá un momento en el que no puedas verlo.

Llevar a tu perro ya con la correa suele garantizar que, en caso de necesidad, puedas sacarlo al exterior con mayor facilidad.

3. Cuando no puedas mirar al cachorro, utiliza una jaula. El uso de una jaula puede ser una forma exitosa de ayudar a entrenar al cachorro para hacer sus necesidades cuando salgas de casa o no puedas vigilarlo. Tu cachorro aprenderá a ver la jaula como su "casa" y será reacio a ensuciar su terreno.

Para que tu perro pueda levantarse, tumbarse y darse la vuelta, la jaula debe ser lo suficientemente grande. Si la jaula es demasiado grande, el perro puede utilizar una zona como baño y otra para dormir.

Limita el tiempo que tu perro pasa en la jaula a menos

de cuatro horas.

Establecer una rutina

1. Sé coherente. Una de las claves del entrenamiento para ir al baño es ser coherente. Es más seguro seguir utilizando la misma puerta cuando lleves a tu cachorro al exterior. Debes seguir llevando a tu perro al mismo lugar y utilizar la misma orden para asociar la acción adecuada con el lugar.

Establece una rutina para sacar a tu perro. Por la mañana y después de cada comida, hazlo a primera hora. Cada vez que llegues a casa o lo saques de la jaula, saca a tu perro fuera. Después de jugar o beber agua, después de la siesta y justo antes de acostarse, deja salir a tu cachorro.

También deberías considerar la posibilidad de sacar a tu perro cada 20 minutos aproximadamente, siempre que sea posible, con cachorros muy jóvenes y en las primeras etapas de adiestramiento. Esto ayudará a prevenir accidentes y te dará más motivos para agradecer a tu perro que haya llegado al lugar adecuado.

Para motivar a tu perro a salir, los paseos diarios

también pueden ayudar.

2. Aprende cuánto tarda tu perro en hacer sus necesidades. Presta mucha atención al tiempo que tarda tu cachorro en orinar. Esto te ayudará a entender su rutina y a anticipar cuándo es necesario hacer una salida al exterior.

3. Alrededor de las horas de las comidas, planifique las salidas al exterior. Mantener un horario de alimentación regular puede ayudar a mantener un horario de orina diario. Los cachorros suelen necesitar ir al baño inmediatamente después de comer.

Después de cada comida, sacar a tu perro reforzará la definición de dónde debe ir y minimizará el desorden.

CAPÍTULO 3. CÓMO HACER QUE TU CACHORRO TE ESCUCHE

Puede ser frustrante que tu perro no escuche tus instrucciones, y también puede ser arriesgado. Al fin y al cabo, esta forma de contacto ayudará a mantener a tu perro alejado de los problemas, a evitar que corra hacia una calle concurrida o que coma algo que no debería. Al ayudarle a manejar los hábitos problemáticos, también le ayudará a mantener la cordura.

Pero llegar a la raíz del problema no siempre es fácil. Así pues, ¿por dónde empezar si tu perro no obedece, ya sea en determinadas circunstancias o siempre? He aquí algunos problemas que puede experimentar.

Eliminar el exceso de energía

Si alguna vez has intentado relacionarte con un niño pequeño hiperactivo, entonces sabes cómo puede distraer la energía excitada. Para los perros, no es diferente. Si su único objetivo es liberar toda esa energía reprimida en su interior, mientras tu cachorro se desvive, le va a costar mucho escucharte.

Así que recuerda practicar primero el ejercicio, luego la disciplina, el amor. Un paseo diario que drene realmente toda la energía de tu perro puede ser de gran ayuda.

Sé coherente

No entenderá lo que quieres de él si tu perro recibe señales diferentes sobre sus acciones. Esto también es válido si cada miembro de la familia sigue distintas leyes. Hablen en familia y aborden las normas que quieren establecer para su perro, los límites y las restricciones. Escribirlas y mostrarlas en algún lugar destacado puede ser útil.

Domine su energía

Los perros escuchan a los líderes de su manada, y sólo si muestras una energía calmada y asertiva podrás ser ese líder. Tu perro no te escuchará si te muestras frenético o inseguro cuando le das una orden. Desgraciadamente, muchas personas no son conscientes de la energía que desprendemos. Haz que un amigo te observe y te dé su opinión sobre tus acciones, o incluso fílmalo para verlo tú mismo.

Volver a lo básico

¿Está tu perro muy familiarizado con esa orden? Para que ciertos perros aprendan una nueva habilidad, pueden ser necesarias cientos o incluso miles de repeticiones. El trabajo rinde bien. Para asegurarte de que tu perro lo tiene dominado, tendrás que volver a trabajar en el adiestramiento.

Dejar de depender de las órdenes verbales

Los perros no hablan entre sí; para comunicarse, utilizan la energía y el lenguaje corporal. Así que no es de extrañar que a veces les cueste captar nuestras órdenes verbales, sobre todo cuando nuestro incesante parloteo durante todo el día les bombardea.

Puede que simplemente lo relacionen más con una señal no verbal que les envíes simultáneamente, aunque sepan que es una orden, algo de lo que puede que ni siquiera te des cuenta.

Piensa en lo que podría haber cambiado de tu aspecto físico si tu perro te hace caso. ¿Manteniendo un bebé? ¿Sentarse de espaldas? ¿Miras hacia otro lado? Pequeños cambios como éstos pueden afectar a su capacidad para comunicar plenamente su mensaje como lo haría normalmente.

Observa el estado emocional de tu perro

Tu perro puede estar abrumado por una serie de emociones más allá de la energía acumulada. Por ejemplo, tu perro puede estar tan concentrado en reclamar su territorio que no te escuche si intentas enseñarle a venir cuando se acerca el perro de un vecino. O tal vez le aterra tanto el sonido de los truenos y los relámpagos que tiene poco espacio en su mente para escuchar su orden de ir a su jaula. Antes de conseguir que tu perro te escuche de verdad, tienes que tratar el problema de raíz.

Intenta contratar a un especialista para que te ayude si sigues teniendo problemas. Para ambos, el contacto entre tu perro y tú es importante y merece la pena dedicarle tiempo y energía.

5 ÓRDENES BÁSICAS PARA PERROS

Para enseñar a tu perro, ¿buscas las mejores órdenes? Aunque tener un perro adiestrado no es lo mismo que tener un perro sano, enseñar unas sencillas instrucciones de adiestramiento a tu perro puede ayudar a resolver problemas de comportamiento, independientemente de que sean los actuales o los que puedan evolucionar en el futuro.

¿Y por dónde se empieza exactamente a enseñar órdenes a tu perro? Aunque tomar una clase puede ayudarte a ti y a tu mascota, puedes enseñar a tu perro directamente en casa con varias órdenes de adiestramiento para perros. A continuación hemos incluido la mejor lista de órdenes para perros que seguro que tu cachorro y tú disfrutarán.

Sentado, sentado

Uno de los comandos para perros más básicos para enseñar a tu mascota es enseñar a tu perro a sentarse, lo que lo convierte en uno perfecto para empezar. Sería mucho más tranquilo y más fácil de manejar un perro que sabe el comando "sentado" que los perros que no se les enseña este comando básico. Además, la orden "sentado" prepara a tu perro para órdenes más exigentes como "quieto" y "ven".

A continuación te explicamos cómo enseñar la orden "sentado" a tu perro:

- Mantén una golosina cerca de la nariz de tu perro.

- Sube tu mano, permitiendo que la golosina acompañe a su cabeza y haciendo que su trasero baje.

- Di "sentado", dale la golosina una vez que esté en posición sentada y expresa tu cariño.

- Repite esta secuencia hasta que tu perro la haya aprendido varias veces al día. A continuación, pídele a tu perro que se siente antes de la hora de comer, cuando salgan de paseo y cuando quieras que esté relajado y sentado durante otras situaciones.

- Ven, ven y ven.

La palabra "ven" es otra orden vital para que tu perro la entienda. Para esas ocasiones en las que se pierde la correa o se deja la puerta principal abierta sin querer, esta orden es increíblemente útil. Esta orden, de nuevo, es sencilla de enseñar y ayudará a mantener a tu perro alejado de los problemas.

- Coloca a tu perro una correa y un collar.

- Bájate a su altura y dile "ven" mientras tiras suavemente de la correa.

- Recompénsalo con cariño y una golosina cuando llegue hasta ti.

- Quítaselo y sigue practicando la orden en un entorno seguro y cerrado hasta que la domine con la correa.

Abajo

Una de las órdenes de adiestramiento de perros más difíciles de enseñar es la siguiente instrucción. La explicación de que el aprendizaje de este comando puede ser difícil para tu perro es que le permite estar en una postura sumisa. Si mantienes un entrenamiento positivo y cómodo, especialmente si tu perro es temeroso o está ansioso, puedes ayudar a tu perro. Ten en cuenta, además, que debes felicitar siempre a tu perro hasta que siga la orden con éxito.

- Encuentra y guarda en tu puño cerrado una golosina que huela especialmente bien.

- Mantén tu mano levantada hacia el hocico de tu perro. Mueve tu mano hacia el suelo cuando él la huela, para que la siga.

- A continuación, mueve tu mano delante de él por el suelo para que su cuerpo siga a su cerebro.

- Di "Abajo" mientras está en el papel de abajo, dale la medicación y comparte el amor.

- Repite cada día esta preparación. Di "No" y retira tu mano si tu perro quiere sentarse o arremeter contra tu mano. No le presiones para que adopte la posición de sentado, y deja que tu perro haga todos los movimientos en la posición correcta. Al fin y al cabo, se está esforzando por descubrirlo.

- Quieto.

La señal de "quieto" ayudará a que tu perro sea más fácil de manejar, de forma similar a la orden de "sentado". En varios casos, incluyendo aquellas ocasiones en las que quieres que tu perro no estorbe mientras te ocupas de las tareas domésticas o cuando no quieres que tu cachorro agobie a las visitas, esta orden puede ser beneficiosa.

Asegúrate de que tu perro es un experto en la señal de "sentado" antes de intentar enseñarle esta orden. Si aún no domina la orden "sentado", antes de pasar a la señal "quieto", dedica tiempo a practicarla con él.

- A continuación, pide a tu perro que "se siente".

- A continuación, abre la palma de la mano frente a ti y di: "Quédate".

- Retrocede varios pasos. Recompénsalo si vive, con una golosina y cariño.

- Hasta dar la atención, aumenta progresivamente el número de pasos que das.

- Elogia siempre a tu perro, aunque sea durante unos segundos, por quedarse quieto.

Se trata de un ejercicio de autocontrol para tu perro, por lo que si tarda en aprender, sobre todo en el caso de los cachorros y los perros con mucha energía, no te desanimes. Al fin y al cabo, muchos perros, en lugar de sentarse y esperar, tienden a estar en movimiento.

Déjalo

Cuando su curiosidad se apodera de él, como esas veces en las que huele algo interesante pero potencialmente peligroso en el campo, esta última orden ayudará a mantener a tu perro a salvo. El objetivo es enseñar a tu cachorro que obtiene algo aún mejor si ignora el otro objeto.

- Ten una golosina en ambas manos.

- Muéstrale un puño cerrado dentro con la golosina y dile: "Déjalo."

- Para conseguir la golosina, ignora su comportamiento mientras se lame, se olfatea, se da la nariz, se da la pata y se ladra.

- Ofrece la golosina desde el otro lado hasta que termine de intentarlo.

- Repite la operación hasta que, si dices "déjalo", tu perro se aleje del primer puño.

- A continuación, ofrece la golosina a tu perro si mira hacia ti mientras se aleja del primer puño.

Puedes ir subiendo de nivel hasta que tu perro se aleje lentamente de la primera recompensa y te mire a los ojos cuando digas la orden. Utiliza dos terapias distintas para este siguiente método de adiestramiento: una que sea decente pero no súper atractiva y otra que sea especialmente buena para tu perro y deliciosa.

- Di "Déjalo", pon en el suelo la golosina menos atractiva y cúbrela con la mano.

- Espera a que tu perro olvide el trato y te sonría. A continuación, coge la golosina del suelo, dale el mejor tratamiento e intercambia instantáneamente el cariño.

- Coloca la golosina menos sabrosa en el suelo hasta que la coja, pero no la cubra con la mano. En su lugar, mantén la mano un poco por encima de la golosina. Lentamente, aleja tu mano más y más con el tiempo hasta que tu mano esté unos 15 centímetros más arriba.

- Ahora está encantado de practicar de pie con usted. Sigue los mismos pasos, pero cúbrelo con tu pie si intenta coger la golosina menos sabrosa.

- No te apresures en el proceso de enseñar cualquiera de estas órdenes de adiestramiento para perros a tu cachorro. Recuerda que le pides mucho a tu perro. Vuelve a la fase anterior si subes un peldaño y sigue teniendo problemas.

Esta lista de instrucciones para perros ayudará a

asegurar y mejorar la comunicación de tu perro frente a circunstancias peligrosas. El compromiso de tu tiempo y esfuerzo bien vale la pena tomarse el tiempo para enseñar a tu perro estos comandos tradicionales para perros. El proceso de formación lleva tiempo, por lo que sólo si estás en la mentalidad correcta para practicar la energía tranquila y la paciencia, comienza una sesión de entrenamiento de obediencia del perro.

CAPÍTULO 4. POR QUÉ EL CACHORRO USA EL BAÑO DENTRO DE CASA DESPUÉS DE HABERLO SACADO

Los perros que están completamente adiestrados pueden empezar a ensuciar la casa de repente debido al estrés y a la ansiedad provocados por problemas médicos. Haz una prueba si te has mudado recientemente, has cambiado los horarios o mantienes a tu perro en casa durante un periodo más largo del que está acostumbrado, si se descartan los problemas médicos.

Cuando se sienten asustados o estresados, los perros hacen caca y pis por falta de equilibrio, esta actividad puede reducirse reconociendo y eliminando los factores estresantes del entorno.

1. Sobreestimulación durante la hora del baño

Después de entrar en casa, el pipí o la caca de un perro se derivan del ambiente exterior de la casa en ciertos casos. El área asignada para ir al orinal puede ser demasiado sobre-estimulante o perturbador para tu perro.

Al fin y al cabo, ¿cuántas veces te ha pasado que estabas fuera del negocio o que tenías un deseo irrefrenable de ir sólo después de introducir las llaves y girar el pomo de la puerta? Los perros pueden parecerse.

¿Por qué ocurre esto?

Cuando se les deja salir, los perros que no pasan suficiente tiempo fuera pueden distraerse. No pueden esperar a olfatear y retozar para liberar la energía acumulada después de haber estado encerrados en casa la mayor parte del día.

Se abruman hasta el punto de olvidar que necesitan ir al baño con toda esta estimulación sensorial y el entusiasmo por estirar las piernas. Sólo se dan cuenta de la urgencia y tienen un accidente en el acto hasta que vuelven a estar dentro. Esto se puede ver con los cachorros regularmente.

Cómo solucionarlo:

Antes de jugar, haz que tu perro tenga la costumbre de hacer sus necesidades primero fuera. Cuando lo mandes al baño, deja de hablar y de relacionarte con tu perro; deja que se concentre en olfatear a su alrededor. Si estás jugando con tu perro en el patio, juega después de que haya salido al orinal. Si es posible, cuando esté tranquilo, saca a tu cachorro o perro. Espera a que los vecinos estén dentro si a tu perro le molestan los vecinos.

Si hace sus necesidades, no dejes que tu cachorro vuelva a entrar. Una vez que haga sus necesidades, felicítalo con calma (asegúrate de no molestarle), anímalo y deja que pase un rato en el patio antes de volver a entrar, jugar y explorar.

Anima a tu perro a ir al baño ANTES de dedicarle tiempo al juego.

2. Miedo y ansiedad

No se siente lo suficientemente relajado para hacer sus necesidades si tu perro tiene miedo de algo en el patio o de algo que ve durante los paseos. Podría haber muchos sonidos, o tal vez otros perros, y la gente le hace sentir al borde de la misma. Cuando los perros no se sienten cómodos, lo mantendrán hasta que se relajen de nuevo. Cuando un perro está por encima de la marca, lo último que le preocupa es ir a hacer sus necesidades, por lo que podría tener miedo de su vida.

Los perros que viven en patios rodeados de vallas invisibles, también conocidas como vallas eléctricas, a menudo pueden asustarse tanto de la descarga, que les da miedo estar en el exterior cerca de los perímetros, por lo que se limitan a pegar la cara con una mirada preocupada a la zona del porche. También se refieren a estos perros como "cuidadores del porche".

¿Por qué ocurre esto?

Ir al baño pone a tu perro en una posición vulnerable. En primer lugar, requiere tiempo, lo que puede marcar la diferencia cuando cada segundo cuenta. Por lo general, un perro que detecta un riesgo querría poder saltar a la acción sobre sus cuatro patas.

Además, los perros que orinan o hacen caca dejan señales de sí mismos, y si se sienten amenazados por algo, esto los colocará en una posición vulnerable.

Los perros temerosos tienden a desaparecer todo lo que pueden, al ser diminutos y casi invisibles, por lo que no quieren dejar rastros que puedan atraer a los depredadores (su orina o sus heces). Por supuesto, hoy en día, como en el pasado, no hay animales asesinos que los persigan, pero esos instintos pueden seguir prevaleciendo.

Cómo solucionarlo:

Si un perro nervioso ha sido rescatado recientemente, puede valer la pena enseñarle temporalmente a usar almohadillas en el interior antes de que se haya adaptado a las modificaciones y tenga más fe.

Cuando las cosas estén tranquilas, saca a tu perro al exterior, si es posible (por ejemplo, evita salir cuando el camión de la basura esté cerca). Querrás centrarte en desensibilizar a tu perro a todo lo que teme con la ayuda de un especialista.

Deberás quitarla e invertir en una valla de verdad o llevar a tu perro con correa a un orinal si tienes una valla eléctrica. El daño emocional puede tardar en revertirse. Ármate de paciencia y utiliza golosinas de gran valor.

3. Cambios en sus horarios

Los perros son animales habituales y acostumbran a hacer sus necesidades en determinados momentos del día, y disfrutan de sus rutinas. Unos minutos después de comer y beber, de jugar o de dormir la siesta, los cachorros parecen ir espontáneamente a hacer sus necesidades. Por la mañana, los perros adultos parecen ir primero, a mitad del día, a primera hora de la tarde y justo antes de acostarse.

¿Por qué ocurre esto?

Justo antes de una entrevista o un examen, ¿ha sentido alguna vez la necesidad de ir al baño? Un cambio repentino en sus vidas puede provocar ansiedad, lo que puede llevar a que se alivien. Los perros no son diferentes... salvo que no pueden hablar. Si la rutina de tu perro cambia bruscamente, puede provocar que haga sus necesidades como reacción al miedo.

En momentos extraños, un cambio de horario también puede indicar que está comiendo y bebiendo, lo que hace que el movimiento intestinal sea imprevisible. Sin acceso al exterior las 24 horas del día, cuando le entran las imprevisibles ganas de ir al baño, a tu perro no le queda más remedio que hacer pis.

Cómo afrontarlo:

Alimentar a los cachorros y a los perros a

determinadas horas del día y mantener su rutina se traduce en "salidas" constantes. De este modo, es más fácil predecir cuándo un cachorro o un perro puede necesitar hacer caca, ya que se le da de comer a determinadas horas del día.

También puedes establecer "horas de orinar" programadas. Es decir, a primera hora de la mañana, justo después de las comidas y una vez antes de acostarse, para sacar a tu perro al exterior. Deja claro a tu perro que, antes de jugar, debe hacer sus necesidades primero. Mantén este horario de forma coherente, y es de esperar que veas un cambio al instante.

4. Una dieta pobre

Alimentar a tu perro con comida barata del supermercado hará que sus deposiciones sean más regulares y voluminosas. Por lo tanto, aunque sea más costosa, la comida de calidad para perros es mejor porque se consumen más nutrientes y, en consecuencia, hay menos residuos. Esto implica deposiciones más pequeñas y con menor frecuencia.

Los cambios bruscos en la dieta también pueden

provocar malestar estomacal y sensación de urgencia, sobre todo si se ha pasado de muchos rellenos y granos a un alimento de menor calidad.

Cómo alimentar a tu perro

A los perros les gusta comer comida de verdad, y si tienes tiempo para hacer comida casera, prueba a hacer recetas de comida casera para perros aprobadas por los veterinarios, sencillas y nutritivas.

Cuando alimentes a tu perro con croquetas, lee las etiquetas y asegúrate de informarte sobre cómo elegir alimentos de alta calidad para perros. Siempre que sea posible, elige marcas naturales y ecológicas. En la mayoría de las marcas comerciales hay rellenos, subproductos cárnicos o de pescado, grasa animal, harina de hígado, BHA, BHT y otros contaminantes y aditivos. Aléjate de ellas.

5. No limpiar a fondo los accidentes

Los perros tienen el instinto de hacer sus necesidades donde lo han hecho antes, por lo que puede recordar la zona como un área aceptable para hacer sus necesidades si tu perro puede oler su orina/caca, y hará sus necesidades allí de nuevo.

Cómo disimular definitivamente el olor a orina o diarrea de tu perro:

1. Con vinagre blanco destilado, rocía la zona sucia.

2. Ponte guantes de látex si la zona está enmoquetada, y haz que el vinagre penetre profundamente en las fibras de la alfombra.

3. Con una toalla de papel, limpia el líquido restante.

4. Espolvorea la superficie con una cantidad generosa de bicarbonato de sodio, asegurándote de que toda la zona quede cubierta. De nuevo, trabaja el bicarbonato en las fibras de la alfombra con las yemas de los dedos si la zona es de moqueta.

5. Deja que el bicarbonato repose durante al menos 1 hora.

6. Para eliminar todos los restos de bicarbonato, pasa la aspiradora.

7. Si es necesario, sigue con un limpiador comercial de manchas y olores de perro.

Por otro lado, Nature's Miracle es una sustancia maravillosa conocida por eliminar restos de olores gracias a sus enzimas.

6. Preferencia de sustrato

Se trata de un hecho poco conocido, pero cuando tienen 8,5 semanas de edad, los cachorros parecen formar una preferencia de sustrato. Esto sugiere esencialmente que los cachorros desarrollan una preferencia por una superficie para utilizarla como orinal y se acostumbran tanto a una determinada superficie que les resulta difícil eliminar otras nuevas.

¿Por qué ocurre esto?

Si un cachorro ha sido entrenado para orinar en el interior sobre papel y luego se le lleva a un nuevo hogar donde se le exige que orine en el exterior sobre la hierba, es posible que el cachorro busque otras superficies que no sean la hierba. Esto sugiere que, una vez en el exterior, el cachorro puede mantenerlo y utilizar la alfombra una vez de vuelta al interior.

Lo mismo ocurre con los perros mayores. Si tu perro está acostumbrado a hacer sus necesidades en una caseta o en un lugar cerrado, tardará algún tiempo en acostumbrarse a utilizar la tierra o la hierba durante el tiempo de orinar.

Cómo tratarla:

Es una buena idea preguntar específicamente qué superficie se ha utilizado para que el cachorro haga sus necesidades cuando se adopta un cachorro de una tienda de mascotas, un rescate o un criador. Si al cachorro se le ha enseñado a utilizar almohadillas o papel de periódico, colocando un trozo de papel de periódico o una almohadilla en el exterior, con el tiempo se puede pasar al césped y permitir que el cachorro lo utilice. Después, puedes retirar el periódico o la almohadilla gradualmente o disminuir su tamaño para que haya más hierba disponible. Hazlo varias veces hasta que sólo en la hierba el cachorro aprenda a hacer sus necesidades.

7. Sufre de ansiedad por separación

Algunos perros no se sienten bien cuando se les deja solos, pero la mayoría de los perros no se sienten bien cuando se les deja solos durante largos periodos (4 horas o más). Si llegas a casa del trabajo y descubres que hay desorden en la casa, considera que tu perro es un candidato a la ansiedad por separación. Registra las acciones de tu perro cuando se quede solo para confirmar tu argumento. Los lloriqueos, los paseos, los ladridos, los aullidos, los jadeos, las excavaciones y las cacas son signos de ansiedad y dolor.

¿Por qué ocurre esto?

Los perros son animales sociales. Pueden sentirse perdidos cuando se les deja solos y no entienden el motivo. Esto induce al nerviosismo, contribuyendo a la defecación o la micción. Algunos perros pueden incluso sufrir coprofagia, que es cuando se comen sus excrementos para ocultar las pruebas. El mal aliento y los posibles restos de heces que quedan en el suelo son claros signos de ello

Cómo tratarlo.

Durante más de medio día, intenta no dejar a tu perro solo. Haz que un vecino, un familiar o un amigo vaya durante el día a alimentar y pasear a tu perro si no se puede evitar. También puedes utilizar un servicio como Wag Walking, en el que pagas a alguien para que saque a pasear a tu perro de visita en tu casa durante el día.

Asegúrate de que, cuando estés en casa con tu perro, le das muchos ejercicios y estimulación mental en forma de juegos y actividades al aire libre. También puedes intentar dejar un hueso sabroso para que tu perro lo mastique o esconder golosinas por la casa para que tenga algo en lo que ocuparse cuando no estés. Echa un vistazo a estas ideas adicionales para ayudar a los perros con ansiedad por separación.

8. El perro es demasiado viejo

Algunos perros desarrollan un trastorno conocido como "disfunción cognitiva canina", el equivalente canino de la enfermedad de Alzheimer, a medida que envejecen. En algunas actividades, los perros afectados pueden tener dificultades, y el entrenamiento para ir al baño es una de ellas. Tu perro puede olvidarse de salir a la calle o enviarte señales de que tiene que ir.

Algunos perros pueden no ser capaces de mantener la compostura, pero no pueden tener una disfunción cognitiva.

Cómo afrontarlo:

Limita sólo algunas zonas de la casa a tu perro. Sería preferible que pudieras restringirla a un lugar sin alfombrar.

Cubre con almohadillas los lugares a los que tu perro tenga acceso.

No golpees a tu perro ni le grites. No podría evitarlo. Vas a necesitar paciencia y ofrecerle ánimos. A estas alturas de su vida, las limpiezas son imprescindibles y no debes esperar que lo haga mejor.

Si se trata de un problema grave, utiliza pañales para perros, pero pregunta a tu veterinario antes de comprar los pañales. A algunos perros les puede resultar tan desagradable que se mantienen dentro cuando tienen que hacer sus necesidades, lo que es perjudicial para su salud.

¿Estabas al tanto?

Según un estudio, el 60 por ciento de los perros de entre 11 y 16 años muestran ciertos síntomas de disfunción cognitiva.

9. Cambios recientes, nuevas mascotas o nuevos miembros de la familia

Cualquier cosa estresante que se introduzca en el ambiente de un perro provocará una disminución del adiestramiento en casa. No es infrecuente que un perro bien adiestrado tenga un accidente en un nuevo hogar poco después de la mudanza. Cuando se introduce un nuevo perro en una casa o si hay visitas o un nuevo bebé, el perro también puede alterarse.

¿Por qué ocurre esto?

La ansiedad que experimenta el perro sólo puede intensificarse si se le regaña por estas lesiones. Lo más fácil es establecer un horario después de que se implemente algo diferente. Alimenta a tu perro todos los días a horas regulares y sácalo fuera antes o después de cada comida para que haga sus necesidades. Con el tiempo se acostumbrará a la rutina y los choques desaparecerán.

Asegúrate también de dar tiempo a tu perro para que se adapte a los cambios. Los complementos de feromonas, flores de Bach y otras ayudas calmantes pueden ayudar durante las transiciones. Este artículo puede resultarte útil si tu perro odia salir al orinal cuando llueve:

Ayuda, mi perro no va al orinal cuando llueve

10. Estar dentro durante demasiado tiempo

Esto puede ser evidente, pero vale la pena señalarlo. No es culpa de tu perro ensuciar en casa si estás todo el día en el trabajo y se te hace tarde. Los perros no deben permanecer demasiado tiempo en casa, y es mejor que contrates a una niñera o a un paseador de perros si éste es tu caso, para que tu perro tenga libertad para salir al exterior cuando lo necesite.

Si tu perro está bien educado en casa, habrá intentado mantenerla todo lo que ha podido, pero cuando te has ido durante tanto tiempo, probablemente no ha podido mantenerla más tiempo. En una situación así, él es el último en ser culpado.

Nunca regañes a tu perro bien entrenado y adiestrado en casa por ensuciar el hogar.

¿Tu perro hace caca por venganza?

Los perros no aceptan que las heces son asquerosas, y

no se dan cuenta de que la gente no quiere limpiar lo que hacen. Así que la idea humana es el concepto de hacer caca por retribución. Los perros están limpios.

En lugar de tomártelo como algo personal, explora por qué podría ser más relajante para tu perro relajarse en la casa. En un día de lluvia/nieve o durante una tormenta, siempre es tan fácil como no querer salir a la calle.

11. Condiciones médicas

Varias afecciones pueden hacer que aumenten las deposiciones. Algunos trastornos intestinales pueden provocar una sensación de urgencia en las deposiciones diarias, lo que dificulta que tu perro las retenga. Las lombrices intestinales también son una fuente de que las deposiciones sean más regulares y algo que debe excluirse. Tanto los dueños de perros como los de las heces deberían hacerse un análisis de parásitos al menos una vez al año.

Posibles causas médicas:

- Parásitos
- Lombrices intestinales

- Dolor en cuclillas

- Infección de la vejiga

- Dolor al levantar la pierna

- Cálculos renales

- Insuficiencia renal

- Síndrome de Cushing

- Enfermedad de Addison

- Enfermedades del hígado

- Alergias o reacciones alimentarias

CAPÍTULO 5. CÓMO EVITAR LOS MAYORES ERRORES EN EL ADIESTRAMIENTO DE CACHORROS

Aunque se intente hacer todo bien en lo que respecta al adiestramiento de cachorros para ir al baño, pueden producirse deslices. Puede ser por seguir consejos obsoletos, o más bien, por falta de comunicación. Por eso hemos elaborado una lista de errores que suelen cometer los dueños cuando un cachorro se cría en una caja, para que sepas qué debes evitar y ayudar a tu cachorro a adaptarse a su nuevo entorno.

10 errores en el adiestramiento de cachorros para ir al baño que hay que evitar

• Falta la preparación para la jaula

Según nuestro equipo de servicios de adiestramiento de cachorros, el adiestramiento en jaulas es importante porque ayuda a mantener a tu cachorro sano y acelera el proceso de entrenamiento para ir al baño. Asegúrate de que tu perro tenga una jaula de tamaño adecuado.

No supervisar

Asegúrate de vigilar a tu perro si eres un nuevo propietario de un perro, ya que sólo tarda unos segundos en hacer sus necesidades dentro de la jaula. Supervisarlos también te permite entender su comportamiento. El uso de una jaula te ayudará si no puedes concentrarte en ellos continuamente.

No prestar atención a las señales

Cuando deciden salir a hacer sus necesidades, los cachorros parecen comportarse de forma diferente. Pueden ser cosas como olfatear, actuar de forma distraída, intentar salir de la habitación, ponerse en cuclillas, etc. Aprender a conocer las señales ayudará en el proceso de entrenamiento del cachorro.

No celebrarles

Asegúrate de darles una golosina después de que hagan sus necesidades en el lugar correcto, además de premiar a tu perro verbalmente. Esto les animará a entender que no es un buen comportamiento hacer sus necesidades dentro del edificio.

Tener estándares irrazonables

Tener unos días limpios mientras la jaula entrena a tu perro no significa necesariamente que lo tengan todo resuelto. Puede tomar meses para que entiendan algo, o incluso más. Ayuda ser cuidadoso, no aflojar apagado en los fundamentos del entrenamiento.

Los tiempos de la tenencia no entienden

Ayuda tener presente que cuando entrenas a tu perrito, toma tiempo para mejorar control de la vejiga. Traduciendo su edad en horas en meses, usted decidirá el período de la tenencia de su perrito. Un cachorro de dos meses puede ser capaz de retener la vejiga durante dos horas, pero cuando están ocupados y jugando, esto cambia. Un cachorro activo puede tener que salir cada 20 minutos, dependiendo de su edad.

No lavar bien las manchas

Si se produce un accidente, además de deshacerse de las manchas evidentes, asegúrese de tratar el olor. Esto ayudará a evitar incidentes en el futuro en el mismo lugar. Asegúrate de utilizar un limpiador saludable que dependa de las enzimas.

No utilizar una frase para ir al baño

El uso de frases como "date prisa" o "vete al baño" les motivará mientras entrenan a tu cachorro para ir al baño. Para que se ponga a hacer sus necesidades, debes enseñarles una palabra y utilizarla como estímulo para ellos.

Utilizar cojines para el orinal

Aunque los orinales son una gran ayuda para entrenar a un cachorro en su jaula, pueden prolongar la fase de entrenamiento. Como alternativa, puedes disponer de un lugar concreto donde pueda hacer sus necesidades.

Castigar a tu cachorro por los accidentes

Con el proceso de entrenamiento para ir al baño, culpar a tu cachorro por los accidentes no ayudará. Hacerlo puede amenazarlos y confundirlos físicamente y puede hacer que tengan miedo de acercarse a ti. Para ayudarles a entender los fundamentos, puedes utilizar estrategias constructivas en su lugar.

CAPÍTULO 6. EL SECRETO DEL ÉXITO DEL ENTRENAMIENTO CON REFUERZO POSITIVO

Cómo adiestrar a tu perro mediante el refuerzo positivo

El educar a tu perro mediante el refuerzo positivo significa que premias las conductas que te gustan y desatiendes las que no te gustan. Para premiar la buena conducta de tu perro, puedes utilizar elogios, recompensas vitales (como deportes, excursiones o paseos en coche) o golosinas. Una estrategia de éxito es el adiestramiento con clicker, pero sin el clicker es posible utilizar recompensas. Es bueno tener en cuenta las muchas ventajas de adiestrar a tu perro con refuerzo positivo para ayudarte a empezar.

Que todo el mundo esté activo

Un buen refuerzo hace posible que cualquier miembro de la familia pueda ayudar en el adiestramiento del cachorro. No es necesario que hables con voz potente, ni que uses tu fuerza, ni que te pongas a ti mismo o a un miembro de la familia en riesgo potencial. Todos deberían participar en la familia.

Por ejemplo, animar a tu hijo a utilizar ciertas técnicas de adiestramiento de perros, como las correcciones con correa y las formas de castigo, puede ser inseguro. Deberías dar a tus hijos un par de golosinas para perros con refuerzo positivo y mostrarles las órdenes que estás utilizando. Los niños podrán adiestrar a tu perro del mismo modo que tú, bajo tu dirección.

Establecer la comunicación

El refuerzo positivo te ayuda a comunicarte con tu perro. Cuando el perro realiza la acción deseada, tú decides qué quieres que haga tu perro y se lo haces saber ofreciéndole recompensas. Es más probable que reproduzca esos hábitos positivos cuando elogias a tu perro por hacer las cosas bien, porque los perros buscan agradar.

La retribución no siempre es tan directa. Un buen ejemplo es el de castigar a tu perro por las lesiones que le produce el hecho de haber roto el hogar. En esta situación, se pilla al perro orinando en la alfombra y se le regaña o se recurre al viejo truco de darle una bofetada con un periódico enrollado. Tu objetivo es decirle a tu perro que sacarlo dentro de tu casa no es apropiado. En cambio, mientras tú estás cerca, tu perro también aprende que no es posible eliminar. Ésta es una de las razones por las que puedes encontrar que, cuando te quedas solo, tu perro tiene accidentes, pero parece que nunca lo pillas en el acto. Ciertamente hay un problema de comunicación; la ansiedad no es una forma adecuada para que tu perro entienda las cosas.

Puedes evitar este malentendido con el refuerzo positivo. En el caso del adiestramiento en casa, quieres enseñar a tu perro a hacer sus necesidades fuera en lugar de en casa. Premiarás la acción que te gusta, ir al baño fuera, en lugar de castigar a tu perro. En este caso, le darás muchos elogios y golosinas o le dejarás ir a jugar cada vez que tu perro elimine fuera.

Si eres cuidadoso y persistente, cuando haga sus necesidades fuera y no ocurra nada cuando vaya dentro, tu perro aprenderá que lo bueno ocurre. En un intento de cosechar los beneficios, tu perro pronto eliminará en el exterior porque has conseguido interactuar claramente con tu perro.

Utilizarlo para diversos comportamientos

No es efectivo para ningún perro utilizar técnicas de adiestramiento como las correcciones con correa u otros tipos de castigo. En realidad, el castigo puede ayudar a empeorar un problema de comportamiento en ciertos casos.

Los perros agresivos son un buen ejemplo, ya que también se vuelven aún más agresivos ante el castigo. Del mismo modo, los perros nerviosos pueden no responder bien ni siquiera al más mínimo castigo. Cuando se utiliza el castigo como herramienta de adiestramiento, un perro temeroso de ciertas personas o circunstancias puede volverse aún más temeroso. Sin embargo, utilizando el refuerzo positivo para adiestrar a perros agresivos y nerviosos, los adiestradores de clicker han informado de un gran éxito.

Ofrecer estimulación mental

El aburrimiento, como escarbar y masticar repetidamente, es un factor importante en los problemas de comportamiento más comunes. Una forma perfecta de ayudar a mantener el aburrimiento a raya es la preparación. Simplemente añadiendo unas cuantas sesiones de entrenamiento rápidas y de apoyo a su día, puedes sorprenderte de la cantidad de energía que tu perro puede quemar.

Que sea divertido

Para ti y tu perro, el adiestramiento con refuerzo positivo puede ser agradable si mantienes las sesiones de adiestramiento cortas y alegres. Cuando tu perro aprende que el adiestramiento contribuye a obtener muchos resultados positivos, muchos siguen viendo las sesiones de adiestramiento como un tiempo de juego. Con la esperanza de tener recompensas, tu perro no tardará en adquirir hábitos positivos, y seguro que consigues una sonrisa con el afán de aprendizaje de tu perro.

Fortalecer su vínculo

Para la mayoría de las personas, sus perros son sus compañeros y se convierten en parte de la familia. Las estrategias de adiestramiento en positivo de estímulo ayudarán a mejorar la conexión que tienes con tu perro. Mientras que otros métodos de adiestramiento pueden enseñar a tu perro a actuar, el refuerzo positivo puede ayudarte a dirigir a tu perro, conservando su confianza y mejorando vuestra relación.

Ponte en el papel de tu perro. Si tu jefe te obligara físicamente a realizar un trabajo, ¿te sentirías relajado en el trabajo? O, ¿es más probable que disfrutes trabajando con cumplidos y halagos con alguien que te proporciona un entorno de apoyo? Es más probable que trabajes más duro para el jefe que te elogia. Del mismo modo, si tu perro está deseando que lo elogien en lugar de anticipar un castigo, es mucho más probable que disfrute de tu compañía.

Probar el comportamiento

La constancia y la persistencia son los secretos del refuerzo positivo. Ver a tu perro desobedecer una orden puede ser muy molesto, y es posible que a veces tengas la tentación de expresar tu frustración o decepción. Debes saber que los perros leen mucho mejor que entienden las palabras en el lenguaje corporal, así que debes proyectar positividad y decirlo.

Respira hondo cuando te enfades, ten en cuenta que

sólo es un perro que hace lo que puede y relájate. Vuelve a sonreír y a poner los ojos en una nota más alegre. Tu perro lo captará y esperará con ilusión lo siguiente que le tengas preparado.

Los beneficios que des deben ser diferentes y cosas que atraigan a tu perro. Dale una golosina muy deliciosa y adictiva reservada sólo para el adiestramiento cuando le enseñes un nuevo comando o trabajes en hábitos de problemas importantes. Puedes pasar a sus golosinas diarias a medida que tu perro mejore u ofrecer su juguete favorito como recompensa. Elogia mucho, siempre. Pronto no tendrás que recompensarles cada vez, y por un trabajo bien hecho, tu cariño será suficiente.

5 FORMAS DE RECOMPENSAR A UN PERRO MEDIANTE EL REFUERZO POSITIVO

Una de las mejores formas de adiestrar a un perro es utilizar el refuerzo positivo. Le das a tu perro una golosina para fomentar una acción que quieres practicar utilizando el enfoque del refuerzo positivo. Si le pides a tu perro que se siente, por ejemplo, y lo hace, le das una golosina. Con ella recompensas su buena conducta.

El hecho de saber qué recompensas son motivadoras para tu perro ayudará a que el adiestramiento basado en recompensas sea agradable e interesante tanto para ti como para tu perro. Hay algunas formas excelentes de elogiar la buena conducta de tu perro.

Premios

Cuando piensan en el refuerzo positivo, lo que la mayoría de la gente ve son las recompensas de comida. Los premios son rápidos y sencillos de dispensar, y son una forma perfecta de recompensar rápidamente la conducta. Es rápido asegurarse de que tu perro recibe una corrección cuando realiza una acción específica si utilizas el adiestramiento con clicker. Cuando se trata de conseguir que tu perro repita una determinada acción en una rápida sucesión, las golosinas son estupendas para las sesiones de adiestramiento.

El inconveniente de utilizar golosinas para premiar a un perro es que no siempre es fácil llevarlas. Si se trata de un perro con alergias alimentarias, un problema de peso o problemas digestivos, también puede ser un problema.

Juegos

Los juegos son otra forma divertida de recompensar a tu perro. Cuando tu perro haga algo que te guste, puedes iniciar un juego que le guste a tu perro. Los juegos se utilizan en el adiestramiento con refuerzo positivo casi del mismo modo que la comida. Pídele a tu perro que haga algo, y lanzarás un juego en cuanto haga lo que le has pedido. El tira y afloja y la búsqueda tienen algunas buenas opciones de juego.

También es sencillo introducir una sesión de adiestramiento en un juego de tira y afloja o de búsqueda. Saca un muñeco o una pelota con un tirón. Antes de empezar el juego, pide a tu perro que se tumbe. Dale el juguete en cuanto se siente y empieza a jugar. Ofrece a tu perro la orden "déjalo" durante el juego. Pídele que se tumbe hasta que lo suelte. Dale el juguete o lanza la pelota en cuanto se tumbe. Esta es una buena forma de reforzar el adiestramiento de tu perro.

Atención tuya

A la mayoría de los perros no les gusta nada más que recibir un rato de acurrucamiento, elogios y otros tipos de atención. Cuando tu perro está bien adiestrado, tu atención incondicional puede ser vista como una recompensa.

Esperar a que tu perro se acerque a ti para que lo acaricies es una forma de hacerlo. En lugar de colmarlo de elogios al instante, pídele primero que se esfuerce por ello. Puede pedirle, por ejemplo, que se siente o se tumbe. Si hace lo que le pides, dale un tiempo para acurrucarse. Aléjate unos segundos si no lo hace y vuelve a darle la orden. Tu perro pronto aprenderá que recibe mucho de tu afecto con esas actividades.

Acceso al exterior

A la mayoría de los perros les encanta estar al aire libre. Hay olores frescos, vistas fascinantes y todo tipo de cosas por descubrir. Puedes utilizar esto como parte del programa de adiestramiento con refuerzo positivo si tu perro disfruta del aire libre.

La educación en casa es una forma perfecta de utilizar este tipo de incentivo. Con una correa, lleva a tu perro o cachorro al exterior, al lugar donde quieres que haga sus necesidades. No le permitas explorar. Solo permanece en el mismo lugar. Llévalo de vuelta al interior si no hace sus necesidades y vuelve a intentarlo un poco más tarde. Si hace sus necesidades, dale las gracias y llévale a dar un paseo por el barrio, animándole a que se detenga a olfatear y explorar todo lo que quiera. Pronto, tu perro aprenderá que sólo después de hacer sus necesidades en la posición correcta podrá pasar tiempo al aire libre.

Juegos con otros perros

A muchos perros les gusta jugar con otros perros. Para una buena conducta, puedes utilizar el acceso a otros perros como recompensa. Por ejemplo, lleva a tu perro al parque más cercano. Haz que tu perro espere hasta que se le permita salir del coche. Para darle acceso a los otros perros, pídele que se siente o espere de nuevo hasta que abras la puerta. Si no obedece, puedes esperarlo o volver al vehículo. En cuanto tu perro descubra que la única forma de conseguir jugar con otros perros es responder a tus órdenes, empezará a ofrecer estos comportamientos.

CAPÍTULO 7. EL PEOR ERROR DE ADIESTRAMIENTO DE UN PERRO

Veamos, ¿estás enseñando a tu perro de la mejor manera posible? El hecho de que estés enseñando a tu perro significa que todo es correcto para ti. No dejes que los pequeños contratiempos se interpongan en tu camino. Te sorprenderá saber que algunas variables pueden frenar el desarrollo de tu perro, aunque parezcan triviales.

Estos son algunos de los errores más comunes durante el adiestramiento de tu perro que la gente comete. ¿Eres culpable de alguno de estos errores sobre el adiestramiento de tu perro?

Esperar demasiado para empezar el adiestramiento

El adiestramiento debe comenzar en el momento en que tu perro, independientemente de su edad, llegue a casa contigo. No esperes a que se haga mayor y a que adquiera malos hábitos. El adiestramiento de perros no es lo mismo que el manejo de la conducta. El objetivo es dar forma a las acciones de adiestramiento de tu perro y enseñarle a reaccionar ante frases concretas.

Es posible que los cachorros jóvenes no estén preparados para aprender comportamientos avanzados, pero puede empezar con órdenes sencillas y en el adiestramiento en casa. Con el tiempo, forjarás una relación más sólida con tu perro. Va a madurar y a acostumbrarse a la rutina de las sesiones de adiestramiento. A continuación, probarás cosas interesantes como los trucos para perros y el adiestramiento especializado, como la terapia asistida por animales.

No entrenar lo suficiente

La educación no es algo que se hace una vez y ya está. Si entrenas a tu perro de forma constante, podrás obtener los mejores resultados incluso después de aprender la acción o el taco. Elija una cosa en la que centrarse a la vez y al menos dos o tres veces a la semana para realizar sesiones de adiestramiento cortas y productivas. Busca cosas nuevas y divertidas para enseñar a tu perro, pero repasa de vez en cuando los viejos fundamentos.

Tu perro nunca ha completado su adiestramiento. Lo

ideal es que tu perro siga siendo disciplinado, incluso cuando se haga mayor. El adiestramiento continuo ayudará a mantener las habilidades de tu perro en forma. Las sesiones de adiestramiento con tu perro también son agradables y una forma perfecta de establecer un vínculo entre los dos.

Adoptar un enfoque de "talla única"

No te limites a leer un libro de adiestramiento de perros y concluyas que eso es lo que necesitas saber. Lo mismo ocurre si hablas con un amigo que sepa de perros. Hay varias formas y sistemas de adiestramiento de perros que tienen éxito, pero no hay dos perros exactamente iguales. A menudo, para crear tu programa de adiestramiento, necesitas orientarte a partir de muchas fuentes y utilizar todos los detalles.

En el caso de tu cachorro, prueba algunas cosas diferentes para ver qué funciona. Para personalizar un plan que se adapte a ti y a tu perro, combina varios tipos de adiestramiento. También es posible que quieras seguir unas cuantas clases de preparación diferentes. No te rindas demasiado pronto, pero si algo no funciona, tampoco tengas miedo de cambiar las cosas.

No consistencia

Las reacciones coherentes son importantes para el adiestramiento de tu perro en todos los niveles. Confundes a tu perro cuando eres incoherente en clase. Incluso puede encontrarse promoviendo hábitos no deseados de forma no intencionada.

Supongamos que estableces una norma según la cual tu perro no puede estar en el sofá. Pronto te encuentras haciendo alguna que otra excepción y dejándolo subir por una u otra razón. Si te das la vuelta y te enfadas con él por estar en el sofá, no va a entender por qué en un momento está permitido y en otro no.

La mendicidad es otro ejemplo de este defecto. Si tu perro no recibe nunca comida de las personas que la consumen, el hábito de mendigar no crecerá. Al principio, podría intentarlo algunas veces, pero ignorar continuamente a tu perro o decirle "vete a tu lugar" disuadiría de mendigar. Sin embargo, si alguien le da un poco de comida, equiparará la mendicidad con una recompensa y, en el futuro, seguirá mendigando.

Premiar a tu perro cuando "más o menos" hace algo es

otro signo de incoherencia. Lo elogias cuando todo su cuerpo está en el suelo mientras enseñas a tu perro a tumbarse. En el futuro, si le otorga una recompensa por "tumbarse" ANTES de que todo su cuerpo esté en el campo, es incoherente. Puede confundirse y volver a enviarte la versión incompleta la próxima vez que le diga "túmbate".

Impaciencia

El adiestramiento de tu perro lleva su tiempo, y cada perro aprende a una velocidad diferente. Como tu perro no se está dando cuenta de algo, intenta no estresarte ni irritarte. Esto sólo empeoraría las cosas porque es probable que tu perro se altere o se estrese.

Considera si es un buen momento para entrenar si tu perro no puede aprender nada. ¿La sesión ha sido demasiado larga? Recuerda que las sesiones de adiestramiento de tu perro deben ser cortas y terminar con una buena nota (entre 10 y 15 minutos). También puedes intentar dividir el comportamiento en componentes más pequeños y entrenar cada uno de ellos de forma independiente. Por esta misma razón, la acción/orden "túmbate" también se entrena por fases.

Comprueba la hora la próxima vez que te encuentres inquieto. Si ha pasado mucho tiempo (o si tu perro parece irritado o desinteresado), acaba con una acción rápida que sepas que tu perro puede terminar. Incluso si esto significa volver a la señal de sentarse, no olvides terminar con una nota positiva. Más adelante intenta dividir el adiestramiento en trozos más pequeños.

Otra impaciencia es ésta: le pides a tu perro que se siente y no lo hace. Entonces, sigue diciendo la palabra "siéntate", y después de 3 a 5 veces de decir siéntate, finalmente se sienta. Entonces le recompensas con una golosina. Le estás enseñando que la orden era sólo una sugerencia, y que debe esperar a sentarse cinco veces antes de que se la digas. Otra opción es decir la orden una vez y esperar el resultado. Si tu perro no cumple la primera, espera unos segundos y empieza desde el principio (llamando primero su atención).

Disciplina dura

La mayoría de los adiestradores de perros modernos creen que no es muy beneficioso utilizar la disciplina en el adiestramiento de perros. En general, los perros son más propensos a realizar el adiestramiento canino en positivo a cambio de recompensas. En ciertos casos, el uso de aversivos suaves (como una botella de spray o una lata de monedas) puede ser beneficioso y no parece causar daños. Sin embargo, otros elementos pueden crear una situación peligrosa. Acciones como los gritos, los puñetazos, los rollos alfa, la mirada hacia abajo, el agarre de los pelos del collar y los tirones de la correa incluyen una disciplina extrema. Estos comportamientos pueden tener repercusiones.

Pueden provocar la reacción de ira de tu perro, poniéndote a ti o a otras personas en peligro.

Pueden provocar que tu perro se asuste.

Pueden hacer que tu perro sufra daños físicos.

Si crees que es importante tener una disciplina dura para poder "afirmar el dominio" sobre tu perro, entonces estás muy equivocado al respecto. La definición de los humanos como "líder de la manada" es obsoleta y se deriva de estudios anticuados sobre perros y lobos. Tómate el tiempo necesario para hacer tus deberes y aprender a ganarte el cariño de tu perro. El proceso de adiestramiento debe ser una forma divertida de interactuar con tu perro, no una sesión de burla.

Equivocarse en el tiempo

Cuando le asegures que lo entenderá, tu perro no sabrá que ha hecho algo bueno. Aquí es donde entran en juego el ritmo y el refuerzo positivos. Muchos adiestradores recomiendan utilizar un clicker o una palabra corta (como "sí"). A continuación, siga con una recompensa al instante para asegurarse de que es coherente con el clicker o la frase. Asegúrese de que todo esto ocurra pronto (en uno o dos segundos). Tu perro podría equiparar el premio con otra acción si la recompensa llega unos segundos demasiado tarde. Cuando intentas que tu perro vincule comportamientos con palabras clave, el refuerzo positivo es extremadamente importante durante el adiestramiento inicial.

Cuando se trata de cambiar los hábitos no deseados de tu perro, ocurre lo mismo. Si desea utilizar aversivos (que deben ser suaves y mantenerse al mínimo o evitarse por completo), asegúrese de aplicar el aversivo inmediatamente cuando se produzca la acción. Si tu perro está orinando en la casa y no vas a atraparlo hasta que termine, entonces no puedes hacer nada. Cualquier penalización estaría correlacionada con otra cosa después del hecho (NO con la acción de orinar en la casa). Cuando se orina en el suelo, tu perro aprenderá a tener miedo, pero no va a aprender a no cometer la acción a menos que lo pilles en el acto.

Reforzar el comportamiento incorrecto

Reforzar involuntariamente los hábitos no deseados es uno de los errores más comunes que se cometen en el adiestramiento de perros. Es posible que ni siquiera lo considere una satisfacción o un refuerzo. Algunos ejemplos son tranquilizar a tu perro cuando tiene miedo, hacer que ladre al instante en la casa o incluso darle una charla severa cuando se está portando mal.

Nuestros perros son seres sociales y buscan nuestro afecto. Dar algún tipo de atención le dirá a tu perro que su conducta actual es buena y debe continuar. Y el afecto negativo es mejor que ninguno para muchos perros. Lo único que puedes hacer si tu perro hace algo indeseable, como saltar sobre ti, llorar o suplicar, es retener el trato hasta que termine la situación.

Nota: Evitar al perro no es la mejor opción si la

actividad no deseada se recompensa a sí misma, como morder los muebles o saltar a la basura. En su lugar, dirige la atención de tu perro hacia una actividad saludable que le recompense, como jugar con un juguete o realizar un entrenamiento de ejercicios.

Llamar a tu perro por algo desagradable

Si supieras que te vas a meter en un lío, que te van a gritar o que te va a pasar cualquier otra cosa mala, ¿querrías acudir a una persona? Tú no lo harías, por supuesto, y tu perro tampoco. De hecho, le estás castigando por volver a ti cada vez que llamas a tu perro para que haga algo desagradable. Al final, cuando lo llames, hará que tu perro deje de venir. Una de las cosas más importantes que puedes enseñar a tu perro es a tener un buen recuerdo. No lo arruines con un error como éste.

Si tienes que hacer algo que no le gusta a tu perro (como un baño o un corte de uñas), simplemente ve a buscarlo en lugar de llamarlo. Intenta calmarte antes de dar a tu perro algún tipo de orden/señal si estás molesto por algo. Cuando la conducta inapropiada ya ha ocurrido, ten en cuenta que tu perro puede beneficiarse poco si se le disciplina o se le grita.

No probar los comportamientos

Probar un comportamiento implica ponerlo en práctica con varias distracciones en diferentes entornos. Demasiada gente se olvida de este aspecto crucial del método de adiestramiento de perros. Una vez que tu perro ha aprendido a sentarse en tu salón, lo único que sabe es que sentarse significa "poner mi trasero en el suelo en el salón". La palabra sentarse podría significar poco o nada para él cuando esté en el patio o en el parque y haya otros perros alrededor. Algunos perros son mejores que otros para generalizar. La mayoría simplemente toma lecciones.

Comienza en un entorno tranquilo y controlado cuando empieces a entrenar una acción. Luego, cambia con cada sesión a varios lugares, aumentando progresivamente el número de distracciones. Esto puede ayudar a afinar las respuestas de tu perro a tus señales.

CAPÍTULO 8. LAS 5 REGLAS DE ORO DEL ADIESTRAMIENTO DE PERROS

El Año Nuevo es famoso por sus nuevos propósitos, pero ¿sabes que el comienzo de enero también marca el inicio del Mes del Entrenamiento Nacional de tu perro? ¿Qué manera más apropiada de disfrutar de esta serendípica rivalidad que trabajando con tu perro para una asociación de adiestramiento más sólida?

Para ayudar a que el adiestramiento con tu perro sea más seguro y sencillo, aquí tienes cinco reglas de oro para evitar algunos de los errores más comunes que cometen los dueños.

Regla de oro nº 5: resistirse a repetir

No sé cuántas veces he visto a alguien llamar el nombre de un perro una y otra vez, haciéndolo más fuerte con cada repetición, mientras el perro parece ignorar todo lo que le rodea o se concentra en otra cosa intensamente. Este enfoque molesta a los humanos, que siempre se sorprenden cuando llamo a su perro por su nombre y recibo una respuesta al primer intento.

Repetir una señal es quizá el mayor error que ven los adiestradores cuando enseñan a los propietarios nuevos o experimentados a trabajar con sus perros. Como personas, está en nuestra naturaleza repetirnos para asegurarnos de que se nos escucha cuando llamamos a otros, y no se les hace caso. Lamentablemente, en la escuela canina, esto es perjudicial para nuestra causa.

Los perros aprenden por asociación, y nuestra tarea consiste en ayudarles a asociar acciones con determinadas palabras o movimientos. Recordando esto, volvamos a nuestra situación inicial.

En un intento de llamar su atención, el adiestrador (llamémosle James) llama a su perra (llamémosle Sarah) por su nombre cinco veces. ¿Cuáles son las conclusiones practicables en este caso?

Si Sarah se gira para mirar a Jaime cinco veces después de escuchar su nombre, puede ser:

1. Recompensada por responder.

2. Castigada por no responder antes.

3. Ignorada por James.

4. Sarah nunca reconoce a James.

En el resultado 1, Sarah descubre que cuando oye su nombre, lo correcto es esperar a que la llamen cuatro veces más porque es cuando llega la recompensa. En el resultado 2, descubre que reaccionar a su nombre da lugar a una retribución, algo que querrá evitar en el futuro, lo que hace que sea aún menos probable que reaccione a su nombre. En el resultado 3, descubre que su nombre no tiene sentido porque no se produjo nada significativo; en otras palabras, su nombre es ruido blanco.

Recompensar el resultado 4 no proporciona a James ninguna ganancia y, como nos dice el resultado 2, castigar a Sarah por su incumplimiento sólo le enseñaría en el futuro a escapar del castigo. Esto significa que el resultado 4 proporciona a Sarah el mismo resultado de aprendizaje que el resultado 3: su nombre es un ruido blanco insignificante.

Para maximizar el ritmo de aprendizaje, los adiestradores son conscientes de que hay que preparar a los perros para el éxito. Científicamente, se ha demostrado que recompensar la buena conducta lo consigue, cultivando así una relación humano-canina centrada en la confianza y el afecto mutuos, en lugar de la necesidad de escapar del miedo, el dolor o la retribución.

Por eso nunca le pido a un perro que realice una acción que considero poco probable, lo que me lleva a...

Regla de oro nº 4: Promover los resultados previsibles

En otras palabras, un juego de probabilidades.

Los adiestradores profesionales reconocen el valor de preparar a los perros para el éxito y nunca piden una acción que no es probable que ocurra. Es importante señalar que el adiestramiento tiene sus raíces en la ciencia, y es un método que se basa en el ensayo y el error para identificarnos con soluciones al problema en cuestión, como toda ciencia.

Cuando observo a un propietario que llama constantemente a su perro por su nombre, me fijo en todos los aspectos del entorno del perro para saber por qué no responde.

¿Es éste el nuevo sitio de tu perro? ¿Hay distracciones

allí? ¿Está tu perro mirando algo con atención? ¿Está olfateando el suelo? Para demostrar un sonido lejano que el dueño y yo no podemos detectar, ¿se agitan sus orejas? ¿Qué le pasa al dueño? ¿Le asusta al perro el tono de voz? ¿Están gesticulando de forma confusa o potencialmente aterradora?

Tengo en cuenta todos estos pequeños detalles cuando me toca ver si puedo obtener una respuesta y espero hasta que creo que el perro puede cumplir mi orden. Sólo entonces intento llamar al perro por su nombre. A veces, esto significa esperar unos segundos hasta que el perro haya tenido la oportunidad de procesar lo que en ese momento retiene su atención.

Juega con las probabilidades para maximizar las posibilidades de éxito y haz tu mejor apuesta. Recuerda el viejo adagio de Thomas Edison si alguna vez no obtienes los resultados deseados:

No me costó nada. Descubrí 10.000 maneras de no hacer una bombilla.

James debería haber minimizado sus pérdidas en nuestro ejemplo anterior y haber evitado llamar a Sarah por su nombre después de no haber respondido. Lo más probable es que, en su entorno, ella estuviera simplemente concentrada en otra cosa y hubiera podido responder a James si éste hubiera esperado sólo unos segundos más.

Regla de oro nº 3: Pagar el precio de la etiqueta

Cualquier acción tiene un precio.

En el fondo, el adiestramiento de perros se basa en la economía del comportamiento o en el precio que pagamos a los perros por realizar esos actos. Para acciones básicas como sentarse, los elogios para los perros son un pago aceptable. Pero actividades más desafiantes como quedarse quieto suelen requerir un incentivo mayor que un simple "¡Buen trabajo!".

Nosotros, como personas, navegamos continuamente por las construcciones sociales de la vida. Por ejemplo, si me mudo a una nueva casa y quiero que mi amigo me preste una camioneta, tengo que hacer que valga la pena para él. También es importante tener en cuenta que, aunque en este caso un trozo de pizza será suficiente para agradecérmelo, un amigo al que no le gusta la comida italiana probablemente elegirá otra cosa.

En el caso de los perros, ocurre lo mismo. Cualquier comportamiento tiene un precio, pero el precio de un mismo comportamiento puede variar de un perro a otro. Te pongo un ejemplo.

Tengo dos perros rescatados con disposiciones polares opuestas. Sonny, la criatura más social que he conocido, es mi basset hound. Puede ser un reto monumental intentar que se aleje de la posibilidad de jugar con otro humano o perro. Un trozo de croqueta tiene menos significado para él mientras estamos en el parque para perros que la posibilidad de jugar con otro perro. ¿Pero las tiras de salmón de Plato, una golosina de gran valor? Eso va a hacer el truco.

Ahora, Franky, mi otro amigo, es un perro reactivo rehabilitado. Puede ser muy tímido con las nuevas experiencias, las personas y otros perros en particular. Aunque nunca lo sabremos con certeza, creemos que puede haber sido descuidado o utilizado en círculos de combate antes de que lo adoptáramos. Ahora a Franky no le importa jugar con otros perros, a diferencia de Sonny. Por eso, cuando lo llamo para que se aleje de uno de ellos, basta con que lo anime verbalmente.

Esto no quiere decir que a Franky no le guste jugar. En cambio, sólo le gusta jugar solo. Estoy seguro de que Franky vendería su alma por una oportunidad de perseguir una pelota de tenis, si se le diera la oportunidad. Esa es la mayor recompensa que puedo darle por su valor. Bueno, eso y que a alguien se le caiga un burrito al suelo. Pero cuando me doy cuenta de que tenemos un reto de entrenamiento por delante, lo uso a mi favor. Si mi orden es cumplida por Franky, le toca jugar a buscar.

Cuanto más compleja es una solicitud, mayor es la paga. Es economía del comportamiento, y los perros tienen muy poco margen de maniobra en su precio de etiqueta en general. Lo que es satisfactorio lo determina el alumno, no el profesor.

Regla de oro nº 2: No hay ritmo para el castigo

En la escuela acabamos de descubrir que el perro decide la importancia de una recompensa, no nosotros. Lo contrario también es válido. El alumno (tu perro) también decide lo que se castiga. Mientras que a nosotros, como humanos, nos parece que gritar es una actividad de molino, a un perro le puede parecer aversivo. Por eso, como profesores, nunca debemos ignorar las posibles implicaciones de nuestras acciones.

Veamos un ejemplo.

Sarah tira mucho y a James le resulta difícil pasearla. Para enseñarle a caminar con la correa suelta, opta por comprar un collar de púas. Aunque James puede ver un alivio inmediato de los tirones de la correa de Sarah cuando utiliza un collar de púas, James no puede ver el problema de este método aversivo.

Los collares de púas funcionan induciendo angustia para enseñar a un perro a dejar de experimentar dolor mientras hay tensión en la correa. Los perros sienten 155 veces más la presión de los collares de púas en una zona muy frágil de su cuerpo cuando se aplica la misma fuerza tanto en un collar de púas como en uno plano.

En el adiestramiento de perros, la inclusión de algo negativo para disuadir de un comportamiento se conoce como refuerzo constructivo. Dado que los perros aprenden por asociación, otros perros, niños, extraños, bicicletas, lo que sea, cualquier cosa presente en el entorno de tu perro cuando siente dolor adquirirá una asociación negativa. Si esto ocurre, es posible cambiar el deseo de tu perro de escapar de la incomodidad en su cuello a un deseo de evitar los objetos en su mundo. Como el perro busca evitar que le causen daño, esto puede conducir a la violencia contra otros objetos.

Los estudios han demostrado una y otra vez que es más compasivo y provechoso premiar la buena conducta que castigar el mal comportamiento.

Por ello, la herramienta de enseñanza ideal para los nuevos adiestradores sin crueldad es el refuerzo positivo. Se ha demostrado científicamente que el adiestramiento basado en la recompensa mejora el ritmo de aprendizaje, permite a los perros esforzarse más por las recompensas, reduce la necesidad de herramientas de adiestramiento fuertes o aversivas y facilita una relación humano-canina basada en la confianza y el respeto en lugar de en la necesidad de que el perro escape del miedo, el dolor o el castigo.

También debemos tener en cuenta que el adiestramiento debe realizarse a la velocidad del perro y minimizar el uso de castigos constructivos en el adiestramiento. En una situación de adiestramiento, si conducimos a nuestros amigos de cuatro patas con demasiada fuerza y demasiado pronto, podemos provocar involuntariamente que desarrollen respuestas emocionales dolorosas. Y como descubrimos con los collares de púas, la violencia también llega cuando esto sucede.

Considera este ejemplo.

Desde que Lucy no sabe nadar, el miedo a estar en aguas abiertas y calientes ha aumentado. Antes de que desarrollara su fe en aguas poco profundas, un profesor de natación ético no enseñaría a Lucy a nadar lanzándola a la parte profunda de una piscina.

El mismo término se aplica también al adiestramiento de tu perro. Si a tu perro le aterrorizan las motos, una receta para el fracaso es pedirle que se siente tranquilamente mientras muchas de ellas pasan a unos metros de distancia. En lugar de eso, hay que trabajar en este tipo de exposición de forma gradual. Si no comprendes y respetas el miedo de tu perro, es probable que la próxima vez que vea una bicicleta acercándose, responda de forma agresiva para evitar el miedo.

Regla de oro nº 1: Permite que el perro elija

"Para la salud de la conducta, el poder de controlar los propios resultados es esencial, y el grado en que un procedimiento de reducción de la conducta preserva el control del aprendiz es esencial para desarrollar un estándar de práctica humana y eficiente".

Es importante recordar que toda acción es condicional. Esto significa que tenemos que alterar las circunstancias que la provocan para enseñar o ajustar algún comportamiento.

Este puede ser el consejo más importante de un adiestrador, lo que resulta algo irónico, ya que es posiblemente la regla de oro más difícil de seguir para los propietarios.

Los perros son los que aprenden en la escuela, y nosotros somos los instructores. En otras palabras, las condiciones de aprendizaje están reguladas por los humanos. Esto sugiere que el deber de enseñar o cambiar un comportamiento no pertenece al perro. Más bien, debemos alterar las circunstancias que permiten que se produzca.

Digamos que James llega a casa y ve a Sarah en el sofá, donde se supone que no debe estar. James recurre a mover a Sarah del sofá después de indicarle que se baje sin éxito.

Aunque a primera vista la forma en que James resolvió este problema puede parecer inofensiva, se está aventurando por un camino potencialmente peligroso. Los perros, como descendientes de animales salvajes, tienen un fuerte instinto de conservación de recursos importantes, como la comida, los juguetes y los lugares para dormir. En el adiestramiento de perros, esto se denomina vigilancia de los recursos.

La pérdida de recursos valiosos para un animal salvaje puede llevarle a la muerte. James no sólo le está quitando su derecho a elegir dónde dormir al echar a Sarah del sofá, sino que también está dejando sin tratar la justificación emocional subyacente para dormir en el sofá. Ese lugar en el sofá no perdió su valor sólo porque James empujó a Sarah fuera, y si ella valora ese recurso lo suficiente, antes de su próximo intento de quitarla, podría gruñir preventivamente o incluso morder a James.

Así que, en este caso, ¿qué podría haber hecho James

de forma diferente? ¿Cómo pudo enseñar a Sarah a elegir abandonar el sofá?

Dar a los perros la posibilidad de tomar decisiones en su mundo hace posible que lo controlen, lo que genera facilidad, confianza y una conducta tranquila.

James resolvió este problema diciéndole a Sarah lo que estaba haciendo mal. Pero hubiera sido mejor que le enseñara lo que hay que hacer en lugar de dormir en el sofá para conservar su capacidad de elección y su poder de aprendizaje.

Para ello, James debe tener en cuenta la Regla de Oro nº 3: pagar el precio. El incentivo para salir del sofá en primer lugar debe ser mayor que la recompensa de estar en él. James debe atraerla con un juguete de gran valor, una golosina y una posición adecuada para dormir la próxima vez que Sarah sea sorprendida en el sofá. De este modo, Sarah considera que la alternativa es más satisfactoria que estar sentada en el sofá, y preferirá mantenerse fuera de él en el futuro con cierta repetición.

CONCLUSIÓN

BColaborando con ellos regularmente, ayudarás a tu perro a mejorar sus malos hábitos. Para que tu perro haga el cambio que te gustaría ver; la coherencia es la clave. Cíñete a tus normas y no animes a otra persona a desviarse de lo que le has enseñado cuando esté en contacto con tu perro.

Tu perro empezará a acostumbrarse a ellas una vez que las técnicas y el adiestramiento estén grabados en piedra y finalmente eliminará los malos comportamientos. Si tu perro no quiere obedecer tus órdenes y se niega a cumplirlas, lo tendrás difícil.

Cuando tu perro esté tranquilo y obedezca tus órdenes, estarás menos nervioso. Deben hacerlo. Para que salgan y se animen a participar, puedes sentirte relajado.

Los perros son como bebés, y tienes que seguir cuidándolos y dándoles amor y atención. Al mismo tiempo, para ser un buen miembro de su familia, deben entender que deben aceptar la corrección.